BEI GRIN MACHT SICH IHR
WISSEN BEZAHLT

- Wir veröffentlichen Ihre Hausarbeit,
  Bachelor- und Masterarbeit

- Ihr eigenes eBook und Buch -
  weltweit in allen wichtigen Shops

- Verdienen Sie an jedem Verkauf

**Jetzt bei www.GRIN.com hochladen
und kostenlos publizieren**

Renata Paluch-Kompalla

Häusliche Gewalt. Wie Kinder Gewalt zu Hause erleben

Gewaltpräventions- und Interventionsmaßnahmen

GRIN Verlag

Bibliografische Information der Deutschen Nationalbibliothek:

Die Deutsche Bibliothek verzeichnet diese Publikation in der Deutschen National-
bibliografie; detaillierte bibliografische Daten sind im Internet über http://dnb.d-
nb.de/ abrufbar.

Impressum:

Copyright © 2013 GRIN Verlag GmbH
Druck und Bindung: Books on Demand GmbH, Norderstedt Germany
ISBN: 978-3-656-44365-0

Dieses Buch bei GRIN:

http://www.grin.com/de/e-book/215780/haeusliche-gewalt-wie-kinder-gewalt-zu-
hause-erleben

GRIN - Your knowledge has value

Der GRIN Verlag publiziert seit 1998 wissenschaftliche Arbeiten von Studenten, Hochschullehrern und anderen Akademikern als eBook und gedrucktes Buch. Die Verlagswebsite www.grin.com ist die ideale Plattform zur Veröffentlichung von Hausarbeiten, Abschlussarbeiten, wissenschaftlichen Aufsätzen, Dissertationen und Fachbüchern.

Inhaltsverzeichnis:

1. Einleitung

Die vorliegende Arbeit setzt sich mit dem Thema *häusliche Gewalt* auseinander. Zunächst wird der Begriff „häusliche Gewalt" näher erklärt und die verschiedenen Erscheinungsformen von Gewalt aufgezeigt. Auch Kinder können direkt oder indirekt von Gewalt betroffen sein. Um deutlich zu machen, was in ihnen vorgeht, wenn sie zu Hause Gewalt erleben, wird das Bilderbuch „Vom Glücksballon in meinem Bauch"[1] herangezogen und analysiert. Da in der Ehe oder Partnerschaft vorwiegend Männer Übergriffe auf Frauen ausüben, werden abschließend die Möglichkeiten und Wege zur Gewaltprävention- und Intervention diskutiert.

2. Häusliche Gewalt und ihre Erscheinungsformen

Gewalt in der Ehe und Partnerschaft existiert schon seit je her. Während es früher das Thema in der Gesellschaft tabuisiert wurde und sich weder der Staat noch die Polizei in die private Angelegenheiten der Familie einmischen wollte, rückte es mit der neuen Frauenbewegung der siebziger Jahre zunehmend in die Öffentlichkeit. Das Anliegen war, die vielfältigen Männerübergriffe auf Frauen aufzudecken und die Gewaltproblematik aus der Tabuzone herauszuholen.

Aus der feministischen Perspektive, sind die Gewalthandlungen gegen die Frauen und Mädchen primär auf die bestehenden patriarchischen Verhältnisse in der Gesellschaft und Unterdrückung der Frau zurückzuführen. Diese sind tief in den von Generation zur Generation tradierten, geschlechtertypischen Rollenbildern verankert.

In der modernen soziologischen und kriminologischen Forschung sind unterschiedliche Definitionen von häuslicher Gewalt verbreitet. So sieht die Soziologin Andrea Büchler diese als „jede Verletzung der körperlichen und seelischen Integrität einer Person, die unter Ausnutzung eines Machtverhältnisses durch die strukturell stärkere Person zugefügt wird."[2]

Unter dem Begriff *häuslicher Gewalt* fallen nicht nur Gewalttaten unter den Eheleuten oder Partnern sondern auch die Gewalt von Eltern gegenüber den Kindern, von Kindern/Jugendlichen gegen ihre Eltern und die Gewalt unter den Geschwistern.

---

[1] Fausch, Sandra, Mebes, Marion, Rothenfluh, Claudia, Wechlin, Andrea: *Vom Glücksballon in meinem Bauch.*
[2] Büchler, Andrea: *Gewalt in Ehe in Partnerschaft –Polizei-, -straf,- und zivilrechtlichen Interventionen am Beispiel des Kantons Basel-Stad.*

Die familiäre Gewalt spielt sich immer in der Privatsphäre, d.h. in der Ehe oder eheähnlicher Lebensgemeinschaft ab, also da wo man sich eigentlich Ruhe und Schutz nach den Strapazen des Tages erhoffen würde. Kennzeichnend für sie ist, dass die beteiligten Personen in einer emotionaler Nähe und sozialer Abhängigkeit zueinander stehen. Im Unterschied zu einem normalen Streit, welcher unvermeidlich in jeder Familie vorkommt, übt bei der häuslichen Gewalt eine Person systematisch über die andere Macht und Kontrolle aus, um sie in ihrer Bewegungs- und Handlungsfreiheit einzuschränken. Die Täter und Opferrollen sind klar verteilt. Familien, in denen Gewalt kontinuierlich eingesetzt wird, leben meist sozial isoliert, damit die Gewaltakte von Fremden nicht aufgedeckt werden.

In der soziologischen und sozialpsychologischen Forschung wird familiale Gewalt in folgende Formen unterteilt: *körperliche Gewalt* (Schlagen, Stoßen, Schütteln, Würgen, Beißen, mit Gegenständen werfen, andere tätliche Angriffe usw.), *sexuelle Gewalt* (Vergewaltigung, Zwang zur Prostitution, sexuelle Nötigung usw.), *psychische Gewalt* (Drohungen, Stalking, Nötigung, Freiheitsberaubung, Beschimpfung, Bevormundung, Demütigung, Einschüchterung, emotionale Manipulation) und *sozial-interaktive Gewalt* (Kontaktverbote, Isolation, Einsperren, Verbot oder Zwang zur Arbeit, kein Zugang zum gemeinsamen Konto, Beschlagnahme des Lohnes usw.).[3]

Laut einer repräsentativen Studie zur *Lebenssituation, Sicherheit und Gesundheit von Frauen* haben rund 25% in Deutschland lebenden Frauen im Alter von 16 bis 85 Jahren körperliche oder sexuelle Gewalt (oder beides) durch einen Beziehungspartner erlitten. 42% aller befragten Frauen gaben an, Opfer von psychischer Gewalt gewesen zu sein, die in der Form von Einschüchterung, aggressivem Anschreien, Drohungen und Demütigungen bis hin zum Psychoterror geschah.[4]

Mit dem am 1. Januar 2002 in Kraft getretenen Gewaltschutzgesetz (§1361), wurde in Deutschland der Umgang mit häuslicher Gewalt, Belästigung und Stalking eindeutig geregelt. Neu an dem Gesetz ist, dass es den Gewaltopfern einen umfassenden Schutz bietet und dass, durch gerichtliche Maßnahmen weitere Eskalationen in der Familie verhindert werden können. So muss die von Gewalt betroffene oder bedrohte Person nicht mehr die gemeinsame Wohnung verlassen und im

---

[3] Diese Einteilung wurde folgende Internetseite entnommen: de.wikipedia.org/wiki/Häusliche_Gewalt
[4] Siehe dazu ausführlich auf: www.bmfsfj.de: Lebenssituation, Sicherheit und Gesundheit von Frauen in Deutschland. Eine repräsentative Untersuchung zu Gewalt gegen Frauen in Deutschland. Im Auftrag des Bundesministeriums für Familie, Senioren, Frauen und Jugend, S.27ff . Die Studie bietet einen guten Überblick über den Ausmaß, Erscheinungsformen, Entstehungszusammenhänge und Folgen von Gewalt gegen die Frauen in Deutschland.

Frauenhaus Zuflucht suchen, sondern sie kann durch eine Anordnung des Familiengerichts die Wohnung zur alleinigen Nutzung überlassen bekommen. Dies gilt insbesondere, wenn das Wohl in der Wohnung lebende Kinder gefährdet ist (§2 GewSchG). Ferner kann das Gericht dem Täter Telefonterror oder andere Nachstellungen untersagen und bei Zuwiderhandlung entsprechende Mittel ergreifen.

3. *Vom Glücksballon in meinem Bauch* – Wie Kinder Gewalt zu Hause erleben?

Auch Kinder, die im Kontext häuslicher Gewalt aufwachsen, können direkte oder indirekte Opfer von Gewalt sein. Werden sie permanent Beobachter einer gewaltförmigen Konfliktaustragung zwischen den Eltern, so bleibt dies nicht ohne Auswirkungen auf für ihre Psyche. Wie zahlreiche empirische Untersuchungen belegen, werden Kinder häufig instrumentalisiert und durch das gewalttätige Elternteil ebenfalls misshandelt. Obwohl es schwer nachvollziehbar ist, üben auch Frauen, die Gewalt von ihren Männern erleiden, gegen ihre Kinder Gewalt aus.[5] Schätzungsweise fallen 10 bis 30 Prozent der Kinder und Jugendliche seinen gewalttätigen Eltern zum Opfer. Dies führt dazu, dass sie in seiner Entwicklung beeinträchtigt werden und durch Verhaltensstörungen auffallen.[6] Eine fortwährend auf eigenem Leib erfahrene Gewalthandlung (besonders sexueller Art) hinterlässt folgenschwere Schäden beim Kind, die es sein ganzes Leben lang zu spüren hat. Die auf dem Kind ausgeübte Gewaltübergriffe verletzen sein elementares Sicherheitsbedürfnis (das gesunde Urvertrauen zur seine Umwelt kann sich nicht entwickeln), wodurch das Kind im Erwachsenleben Probleme haben kann, vertrauensvolle Bindungen elnzugehen.

Obwohl die körperliche Züchtigung von Kindern, oft missbilligt, wird sie in

---

[5] Vgl. Kavemann/ Kreyssig (Hrsg.): *Handbuch Kinder und häusliche Gewalt*, S. 203f.
Obwohl viele misshandelte Frauen in Frauenhäusern Schutz suchen, wenden sie dort den anderen Frauen bzw. eigenen Kindern gegenüber Gewalt an. In dem o.g. Aufsatz wird am Fallbeispiel einer Frau gezeigt, die von ihrem Mann geschlagen wurde, wie sie den familialen Gewaltzyklus zu durchbrechen versucht. Zunächst sucht sie mit ihren Kindern Zuflucht im Frauenhaus, kommt dann mit ihrem Mann zusammen bis sie wieder vor ihm fliehen muss. Während sie nach ihrer Flucht ins Frauenhaus ihren Mann als Ehemann und Vater aus seiner Versorgerpflicht entlässt, delegiert sie ein Teil von dieser Rolle an seinen Sohn, der sie wie sein Vater wieder enttäuscht. Weil er ihr nicht den „frischen, schönen" Kuchen bringt, rastet sie aus und schlägt ihn mit dem Schrubber, mit dem er den auf den Boden geworfenen Kuchen aufräumen soll.
[6] Siehe dazu ausführlich: Deegener, Günther: *Die Würde des Kindes. Plädoyer für eine Erziehung ohne Gewalt*, S.105. Misshandelte Kinder leiden oft unter Störungen im *somatischen Bereich* (Gedeih- und Wachstumsstörungen), im *psychosomatischen Bereich* (Einnässen und Einkoten), im *psychischen Bereich* (depressive Störungen), im *psychosozialen Bereich* (Unsicherheit, Ängstlichkeit und Vertrauenslosigkeit), im *Bereich des Verhaltens* (Unruhe bis zur Hyperaktivität, Dissozialität, Aggressivität), im *kognitiven Bereich* (Entwicklungsrück- und stillstände, Lern- und Konzentrationsschwierigkeiten), im *Selbstwertbereich* (Minderheitsgefühle, kein starkes Ich). Alle die genannten Symptome sind als Ausdruck der Überforderung der Kinder mit häuslicher Situation zu deuten.

vielen deutschen Familien immer noch als eine legitime Erziehungsmethode praktiziert. Die Kindererziehung wird viel zu viel vom sogenannten kleinen Klaps, Ohrfeigen, Schreien, Schimpfen, Drohen, Erniedrigen bestimmt und das Kind in seinem Recht und Würde verletzt. Darüber hinaus werden viele Kinder verprügelt, vernachlässigt oder sexuell missbraucht. Durch die Gesetzgebung §1631 (2) BGB soll jedem Kind eine gewaltfreie Erziehung in der Familie gewährleistet werden: „Kinder haben ein Recht auf eine gewaltfreie Erziehung. Körperliche Bestrafungen, seelische Verletzungen und andere entwürdigende Maßnahmen sind unzulässig."[7] Damit wird den Erziehenden aufgetragen, ihr Erziehungsrecht- und Pflicht ohne Einsatz von Gewalt wahrzunehmen, um den Kindern eine gesunde Entwicklung zu ermöglichen.

In der Studie von Pfeiffer/Wetzels/Enzmann konnte unter Einbezug nationaler und internationaler Forschungsbefunde nachgewiesen werden, dass die meiste Gewalt in und um die Familie erfahren und erlernt wird. Es konnte gezeigt werden, dass innerfamiliäre Gewalterfahrungen in der Kindheit das Risiko von Delinquenz und Gewalt im Jugendalter signifikant erhöhen. Ferner weisen Kinder und Jugendliche, die elterlicher Gewalt ausgesetzt waren, höhere Viktimisierungsraten auf.[8] Ihre Weltsicht, Situationen und Personen als feindselig wahrzunehmen und auf diese aggressiv zu reagieren, rühren nach der genannten Studie aus den Sozialisationsdefiziten her. Vorbelastete Jugendliche haben aufgrund problematischer innerfamiliärer Vorbilder wenig erlernt, Konflikte auf versöhnliche Art zu regulieren und eskalative Verhaltensweisen zu vermeiden.

Gelingt es einem misshandelten Kind trotz negativer Erfahrungen in der Familie in einer späteren Lebensphase eine positive Bindung zu Bezugspersonen aufzubauen, so hat es die Chance, konstruktive Formen der Konfliktbewältigung zu lernen und einzuüben. Die positive Bindung bietet der betroffenen Person die Möglichkeit, die mit den innerfamiliären Gewalterfahrungen einhergehende Folgen (geringe soziale Unterstützung durch Eltern, Absinken der Schulleistungen, mangelndes Selbstwertgefühl) die ihrerseits das Delinquenz Risiko erhöhen, abzumildern oder aufzuheben.[9]

Zu den Hauptrisikofaktoren, die das Auftreten von Kindesmisshandlung oder Vernachlässigung begünstigen, zählen insbesondere: niedriger sozioökonomi-

---

[7] Vgl. das Gesetz zur Ächtung der Gewalt in der Erziehung. Jugendrecht. 31., überarbeitete Auflage, S.121
[8] Pfeiffer, Christian, Wetzels, Peter, Enzmann, Dirk: *Innerfamiliäre Gewalt gegen Kinder und Jugendliche und ihre Auswirkungen*, S.4ff
[9] Vgl. ebd. S. 6

scher Status der Familie, beengte Wohnverhältnisse, Belastungen der Eltern (psychische Störungen, schlechte Schulbildung, Alkohol- und Drogenabhängigkeit, starke berufliche Anspannung, Überforderung mit der Kindererziehung), Trennung/Verluste von Elternteilen, Chronische Disharmonie in der Familie, autoritäre Erziehung, mangelnde soziale Unterstützung usw.

Einen Gegenpol zu den Risikofaktoren bilden die Schutzfaktoren, die helfen sollen, den „Misshandlungszyklus" zu durchbrechen, d.h. zu verhindern, dass die selbst erlebte Misshandlung nicht an eigene Kinder weitergegeben wird. Dazu gehören: eine gute und dauerhafte Versorgung durch eine andere Person, eine positive emotionale Beziehung zum einem Erwachsenen, der als Lernmodell zur Konfliktbewältigung dienen kann (Lehrer, Pfarrer, Verwandte), das Vorhandensein eines Bereich, in dem sich die Erfahrungen der eigenen Könnens und Selbstwirksamkeit entwickeln können, emotionale Unterstützung, Sinn und Struktur auch außerhalb der Familie (z.B. Schule, Heim, Kirche).[10]

Wie in der Einleitung angedeutet, wird in diesem Kapitel das Buch *Vom Glücksballon in meinem Bauch* vorgestellt um deutlich zu machen, was die Kinder fühlen, wenn sie zu Hause mit Gewalt konfrontiert werden. Es wurde von 3. Sozialarbeiterinnen: Sandra Fausch, Marion Mebes und Andrea Wechlin verfasst, welche im Bereich häusliche Gewalt tätig sind.

Das Buch erzählt die Geschichte eines kleinen Mädchens, welches glücklich mit seiner Mutter und Vater zusammenlebt. In dieser unbesorgten Zeit, in der alle Familienmitglieder zusammen viel spannendes unternehmen und miteinander Spaß haben, scheint es dem Mädchen, einen strahlenden, goldgelben Glücksballon im Bauch zu haben. Doch einer Nacht wird es durch wütende Schreie des Vaters und Weinen der Mutter wach, was es mit Angst erfüllt. Verkrochen in einem dunklen Zimmer weint das Mädchen und macht sich für den Elternstreit schuldig. Es spürt, wie der helle Glücksballon in seinem Bauch zu einer Erbsengröße schrumpft und ein dunkler, Sorgeballon wächst und immer schwerer wird. Nach ein paar Tagen scheint es zu Hause alles wieder gut zu laufen, so dass das Mädchen seine Sorgen vergisst und mit seinen Freunden fröhlich spielt. Der helle Glücksballon kehrt zurück und mit ihm die Hoffnung, dass alles zu Hause gut sein wird. Doch eines Tages wird diese Hoffnung zur Verzweiflung des Kindes bitter

---

[10] Siehe dazu: Deegener, Günther: *Die Würde des Kindes*, S. 97ff

enttäuscht. Als es einmal von der Schule nach Hause zurückkommt, erwartet es großes Durcheinander: die Möbeln sind umgekippt, überall ist das kaputte Geschirr zu sehen und das Familienfoto liegt auf dem Boden mitten zwischen den Scherben. Das Kind reagiert auf diesen traurigen Anblick mit Weinen und Druckgefühl im Bauch – die Anzeichen dafür sind, dass der Glücksballon wieder vom Sorgenballon verbannt wurde. Von diesem Tag an wird es zu Hause immer schlimmer. Die Eltern streiten und beschimpfen sich ständig und der Vater wird sogar der Mutter gegenüber handgreiflich. Diese Szenen erzeugen in dem Mädchen große Angst und bereiten ihm Sorgen um die Familie.

Das Kind leidet unter der Gewalt und versucht besonders brav zu sein, damit sich die Eltern wieder vertragen. Manchmal wird es aber so zornig, dass es alles um sich kaputt gemacht hätte. Am schlimmsten ist es jedoch in der Nacht, wenn das Kind nicht mehr durchschlafen kann und am liebsten nichts mehr gesehen und gehört hätte. In dieser Zeit drückt der dunkle Ballon im Bauch so sehr, dass der helle kaum noch zu spüren ist. Von Sorgen bedrückt, geht das Mädchen eines Tages nicht mehr zum Unterricht, sondern zu einem Sportplatz, wo auf dieses die Sportlehrerin aufmerksam wird. Das Mädchen erzählt ihr, was alles zu Hause passiert war und wie ihr Glücksballon von einem großen, schweren, dunklen Sorgenballon zusammengedrückt wurde.

Verständnisvoll hört die Lehrerin dem Kind zu und tröstete es. Und dieses merkt plötzlich, dass sich sein Bauch leichter anfühlt und der Glücksballon sogar leichte Funken sprüht. Die Lehrerin erklärt, dass andere Kinder und Erwachsene ebenso helle, fröhliche Glücksballons und dunkle Sorgenballons kennen und in ihrem Bauch fühlen. Wichtig ist aber, mit seinen Sorgen nicht allein zu bleiben, sondern mit jemanden darüber zu sprechen, damit der Glücksballon wieder Platz zum Wachsen hat. Mit Hilfe der Lehrerin findet das Mädchen heraus, dass ihr außer Reden auch Schwimmen hilft, den Glücksballon zum Leuchten zu bringen.

Es erfährt, dass ihr Papa, auch wenn er einen dicken Sorgenballon mit sich herumträgt, kein Recht darauf hat, sein Kind oder seine Frau zu schlagen. Erwachsene sollen sich vielmehr darum kümmern, dass ihren Kindern gut geht und ihre Glückballons groß und stark werden. Wenn sie es alleine nicht schaffen, müssen sie sich Hilfe von außen holen.

Die Geschichte zeigt auf einer einfühlsamen Weise, dass gewaltbetroffene Kinder mit ihrer Kummer nicht alleine sind, dass es noch andere Kinder gibt, die in ihrem Bauch einen Sorgenballon haben. Das vertrauensvolle Gespräch mit einer verlässliche Bezugsperson oder Fachkraft über die drückenden Gefühle im Bauch wirkt wie ein Ventil. Es entlastet die Kinder von ihren Schuldgefühlen und schafft Raum für Neues. In diesem Buch können sich viele Kinder und Jugendliche wiedererkennen, die zu Hause Gewalt erfahren und nicht mehr weiter wissen. Wichtig ist, in diesen schwierigen Situationen nicht aufzugeben, sondern professionelle Hilfe in Anspruch zu nehmen, um die Traumatisierung durch Gewalt aufzulösen.

4. Gewaltpräventions- und Interventionsmaßnahmen

Damit die Erziehung in der Familie nicht mehr von Gewalt bestimmt wird, reicht eine entsprechend Gesetzänderung nicht alleine aus. Wir wissen doch, dass viele Eltern heutzutage zwar Gewalt als Erziehungsmittel ablehnen, setzen sie aber in der Überforderungssituationen wohl ein, weil sie sich nicht anders zu helfen wissen. Der ungewollte Klaps, der einem ungehorsamen Kind verpasst wird, kann eine sich allmählich hochschaukelnde Gewaltspirale in Bewegung setzen und dazu führen, dass Eltern völlig die Kontrolle über sich verlieren. Viele Eltern setzen Gewalt als eine legitime Erziehungstechnik ein, weil sie selbst als Kinder misshandelt wurden (Zyklus der Gewalt).

Christine Bergmann, die ehemalige Bundesministerin für Familie, Senioren, Frauen und Jugend verweist zu Recht darauf, dass eine gewaltfreie Erziehung nicht verordnet oder durch Strafandrohungen erzwungen werden kann. Sie bedarf vielmehr eines Umdenkungsprozess, eines Bewusstseinwandels in der gesamten Gesellschaft. Ein Leitbild der Erziehung, die geprägt ist von Respekt, Verantwortung und Fürsorge für das Kind, soll nicht nur von Eltern oder Familien, sondern von allen Einrichtungen, die für Erziehung der Kinder (Krippe, Kindergarten, Schule) zuständig sind, verinnerlicht und praktiziert werden.[11]

Da durch Gewalterfahrungen in der Familie dem Kind körperliche und seelische Schäden zugefügt werden, müssen die Eltern lernen, mit Konfliktsituationen gewaltlos umzugehen. Damit dieser Weg eingeschlagen werden kann, haben sich

---

[11] Vgl. das Vorwort der Bundesministerin in: *Die Würde des Kindes*, S.7f.

die Jugendhilfe, also die Jugendämter oder freie Träger dazu verpflichtet, die gesellschaftliche Mitverantwortung für die Kindererziehung mitzutragen. Diese drückt sich im §16 (1) SGB VIII aus: „Müttern, Vätern, anderen Erziehungsberechtigten und jungen Menschen sollen Leistungen der allgemeinen Förderung der Erziehung in der Familie angeboten werden. Sie sollen dazu beitragen, dass Mütter, Väter und andere Erziehungsberechtigte ihre Erziehungsverantwortung besser wahrnehmen können. Sie sollen auch Wege aufzeigen, wie Konfliktsituationen in der Familie gewaltfrei gelöst werden können."[12]

In der Belastung- und Krisensituationen können Eltern, Kinder und Jugendliche Hilfe zur Erziehung in Anspruch nehmen, „wenn eine dem Wohl des Kindes oder des Jugendlichen entsprechende Erziehung nicht gewährleistet ist [...]"(§27 SGB VIII). Bevor die entsprechende Maßnahme gewährt wird, ist eine Aufstellung des Hilfeplanes notwendig. In der Regel kommen zur Unterstützung von gewaltbelasteten Familien folgende Hilfen in Frage: Erziehungsberatung (§28 SGB VIII), Soziale Gruppenarbeit (§29 SGB VIII), Erziehungsbeistand (§30 SGB VIII), sozialpädagogische Familienhilfe (§31 SGB VIII), Tagesgruppe (§32 SGB VIII). Durch Inanspruchnahme der genannten Beratungs- und Unterstützungsangebote, lernen die Eltern und ihre Kinder, dass Konflikte auch bei Meinungsverschiedenheiten auf eine gewaltfreie Art beigelegt werden können.

In Deutschland gibt es zahlreiche Frauen- und Kinderhilfeinrichtungen, die den Gewaltbetroffen im Notsituationen Schutz und Unterstützung bieten. Bei akuter Bedrohung kann man sich jederzeit über die Notrufnummer (110) an die Polizei wenden, die über eine Sofortmaßnahme die Gewalt stoppen kann.

Bei allen Fragen rund um das Thema *häusliche Gewalt* sowie über die polizeiliche und rechtliche Interventionsmöglichkeiten können sich die Gewaltopfer bei den telefonischen Hotlines (z.B. BIG, Nummer gegen Kummer: Kinder- und Jugend Telefon) informieren. Darüber hinaus, finden sich auch immer mehr Täter- und Opferberatungsstellen, die eng mit Polizei, Justiz, Jugendämtern und ASD zusammenarbeiten.

---

[12] Jugendrecht, S.21

5. Fazit

Gewalt in der Ehe und Partnerschaft ist heutzutage kein Tabuthema mehr. Um die Sensibilisierung für die Gewaltproblematik sowohl auf gesellschaftliche als auch staatlichen Ebene zu erreichen wurde 2007 von Bundesfamilienministerium eine Kampagne zur „Bekämpfung von Gewalt gegen Frauen" gestartet und 2012 ein bundesweites Hilfetelefon für Gewaltopern errichtet, das rund um die Uhr erreichbar, kostenfrei und mehrsprachig ist. Des Weiteren förderte die Regierung das Berliner Interventionsprojekt gegen häusliche Gewalt (BiG) sowie das Koordinations- und Interventionsprojekt für Schleswig-Holstein (KIK) und nahm zahlreiche Gesetzänderungen vor (Vgl. GewSchG, das Gesetz zur Ächtung der Gewalt in der Erziehung, das neue Kinderschutzgesetz usw.) um die Betroffenen effektiver als zuvor vor Gewalt zu schützen.

Jeder Mensch hat Recht auf gewaltfreies Leben. Durch die erlebten Gewalthandlungen wird er in seinen Entfaltungsmöglichkeiten eingeschränkt und verliert das gesunde Selbstvertrauen. Besonders Kinder, die oft stumme Zeugen des Streits oder einer tätlichen Auseinandersetzung zwischen den Erwachsenen sind bzw. ihnen selbst zu Opfern fallen, werden schwer durch die Gewalt traumatisiert. Sie sind gestresst durch die angespannte Situation zu Hause und bangen oft um ihre Familie. Gewaltbelastete Kinder weisen häufig erhebliche Rückstände in kognitiver und sozioemotionaler Entwicklung sowie Funktionslücken im Ich auf.

Wie aus den bisherigen Ausführungen deutlich, ist *die häusliche Gewalt* heutzutage keine private Angelegenheit der Familie mehr. Sie geht uns alle an. Die Eltern als Erziehungsberechtigten haben dafür Sorge zu tragen, dass dem Kind in der Familie wohl ergeht und dass es dort Liebe, Schutz und Geborgenheit erfährt. Der Schutz und Erziehungsauftrag der Eltern leitet sich aus 6 dem GG (2) ab.

Liegt eine Kindeswohlgefährdung im Sinne von §1666 vor, sei es in der Art grober Vernachlässigung, Misshandlung oder sexuellen Missbrauchs, so obliegt es der Jugendhilfe und dem Familiengericht alle Maßnahmen zu treffen, um die bestehende Gefahr abzuwenden. Der Staat schreitet insofern ein, als er der Familie eine geeignete Hilfe zur Erziehung nach §27 SGB VIII anbietet und sie bei auftretenden Erziehung- und Gewaltproblemen unterstützt. In Ausnahmefällen, z.B.

bei akuter Gefährdung, hat das Jugendamt Recht und Pflicht, das Kind oder den Jugendlichen in Obhut zu nehmen (§ 42 SGB VIII).

Zusammenfassend lässt sich sagen, dass es in der Verantwortung der Eltern liegt, dem Kind ein positives Vorbild zu sein. Vielen von ihnen ist es vielleicht gar nicht bewusst, dass ihr gewalttätiges Verhalten den Kindern als Modell für das spätere eigene Verhalten dient. Die gewalttraumatisierte Kinder tragen einerseits ein erhöhtes Risiko, sich selbst in eine Gewaltbeziehung zu begeben, anderseits tun sie oft ihren Kindern die Gewalt an. Um diesen Gewaltzyklus zu durchbrechen, gibt es nur eine Lösung: Ein Nein zu Gewalt!

Literaturverzeichnis:

1. Bründel, Heidrun/Hurrelmann Klaus: *Gewalt macht Schule. Wie gehen wir mit aggressiven Kindern um?* München 1994.
2. Büchler, Andrea: *Gewalt in Ehe und Partnerschaft –Polzei-, straf- und zivilrechtliche Interventionen am Beispiel des Kantons Basel-Stadt.* Basilea/ Ginevra/ München 1998.
3. Deegener, Günther: *Die Würde des Kindes. Plädoyer für eine Erziehung ohne Gewalt.* Weinheim und Basel 2000.
4. Dolto, Françoise/ Dolto-Tolitch Catherine/Percheminier, Collette: *Von den Schwierigkeiten erwachsen zu werden.* Stuttgart 1999.
5. Fausch, Sandra/ Mebes, Marion/Wechlin, Andrea: *Vom Glücksballon in meinem Bauch.* Köln 2011.
6. *Jugendrecht.* München 2012.
7. Kavemann, Barbara/Kreyssig Ulrike (Hrsg.): *Handbuch Kinder und häusliche Gewalt.* Wiesbaden. 2005.
8. *Lebenssituation, Sicherheit und Gesundheit von Frauen in Deutschland. Eine repräsentative Untersuchung zu Gewalt gegen Frauen in Deutschland. Im Auftrag des Bundesministerium für Familie, Senioren, Frauen und Jugend.*
9. Pfeiffer, Christian /Wetzels, Peter /Enzmann, Dirk: *Innerfamiliäre Gewalt gegen Kinder und Jugendlichen und ihre Auswirkungen.* Hannover 1999.
10. Schleicher, Hans: *Jugend- und Familienrecht.* München 2010.

Internetquellen:

de.wikipedia.org/wiki/Häusliche_Gewalt

www.bmfsfj.de

www.big-hotline.de

http://www.gewalt-ist-nie-ok.de/was-ist/gewaltInterview.htm

http://www.kindergartenpaedagogik.de/40.html

https://www.familienhandbuch.de/rechtsfragen/kinderrechte/das-recht-auf-gewaltfreie-erziehung